Christian Morgenstern

In Phanta's Schloss

Ein Zyklus humoristisch-phantastischer Dichtungen

Christian Morgenstern

In Phanta's Schloss
Ein Zyklus humoristisch-phantastischer Dichtungen

ISBN/EAN: 9783743654709

Hergestellt in Europa, USA, Kanada, Australien, Japan

Cover: Foto ©Andreas Hilbeck / pixelio.de

Weitere Bücher finden Sie auf **www.hansebooks.com**

In Phanta's Schloss.

Ein Cyklus
humoristisch-phantastischer Dichtungen

von

Christian Morgenstern.

Dem Geiste Friedrich Nietzsches.

Sei's gegeben, wie's mich packte,
Mocht es oft auch in vertrackte
Bildungen zusammenschiessen!
Kritisiert es streng und scharf, —
Doch wenn ich Euch raten darf:
Habt auch Unschuld zum Geniessen!

Inhalt.

　　　　　　　　　　　　　　　　　Seite
)ruch.
ıg. 1
ıhrt. 3
raum. 7
ta's Schloss. 10
enaufgang. 13
censpiele. 15
[. Eine grosse schwarze Katze. 15
. Es ist, als hätte die Köchin des grosssen Pan. . . 16
[. Wäsche ist heute wohl. 16
. Wie sie Ballet tanzen. 17
r. Düstere Wolke. 19
. Oh! oh! zürnender Gott. 20
enuntergang. 22
o imperator. 24
ıogonie. 28
Hohelied. 33
chen Weinen und Lachen. 36
ʼann. 38

Der zertrümmerte Spiegel. . . . . . .
Das Kreuz. . . . .
Die Versuchung. . . . .
Der Nachtwandler. . . . .
Andre Zeiten, andre Drachen. . . . . .
Die Weide am Bache. . . . .
Abenddämmerung. . . . .
Augustnacht. . . . .
Mädchenthränen. . . . .
Landregen. . . . .
Der beleidigte Pan. . . . .
Mondaufgang. . . . .
Mondbilder. . . . .
    I. Der Mond steht da wie ein alter Van Dyk.
   II. Eine goldene Sichel. . . . .
  III. Gross über schweigenden Wäldern. . . .
  IV. Durch Abendwolken fliegt ein Bumerang.
Erster Schnee. . . . .
Thalfahrt. . . . .
Epilog. . . . .

Prolog.

Längst Gesagtes wieder sagen,
Hab' ich endlich gründlich satt.
Neue Sterne! Neues Wagen!
Fahre wohl, du alte Stadt,
Drin mit dürren Binsendächern
Alte Traumbaracken stehn,
Draus kokett mit schwarzen Fächern
Meine Wunden Abschied wehn.
Kirchturm mit dem Thränenzwiebel,
Als vielsagendem Symbol,
Holperpflaster, Dämmergiebel,
Wehmutskneipen, fahret wohl!

Hoch in einsam-heitren Stillen
Gründ' ich mir ein eig'nes Heim,
Ganz nach eig'nem Witz und Willen,
Ohne Balken, Brett und Leim.
Rings um Sonnenstrahlgerüste
Wallend Nebeltuch gespannt,
Auf die All-gewölbten Brüste
Kühner Gipfel hingebannt.
Schlafgemach —: mit Sterngoldscheibchen
Der Tapete Blau besprengt,
Und darin als Leuchterweibchen
Frau Selene aufgehängt.

Längst Gesagtes wieder sagen.
Ach! ich hab' es gründlich satt.
Phanta's Rosse vor den Wagen!
Fackeln in die alte Stadt!
Wie die Häuser lichterlohen,
Wie es kracht und raucht und s
Auf, mein Herz! Empor zum fro
Aether, tänzergleich geschürzt!
Schönheit-Sonnensegen, Freiheit-
Odem, goldfruchtschwere Kraft,
Ist die heilige Kräftedreiheit,
Die aus Nichts das Ewige schaff

Auffahrt.

Blutroter Dampf . .
Rossegestampf . .
 „Keine Scenen gemacht!
 Es harren
 Und scharren
 Die Rosse der Nacht."

Ein lautloser Schatte,
Ueber Wiese und Matte
Empor durch den Tann,
Das Geistergespann . .
Auf hartem Granit
Der fliegende Huf . .
Fallender Wasser
Anhebender Ruf . .
Kältendes Hauchen . .
Wir tauchen
In neblige Dämpfe . .
Donnernde Kämpfe
Stürzender Wogen
Um uns.

Der hinaut
Der Hufe Horn!

In die stäubende Schwemme,
Hoch über den Zorn
Sich sträubender Kämme
Empor, empor!
Aus klaffenden Wunden
Speit der Berg
Sein Blut gegen euch.
Mit Wellenhunden
Fällt euch an
Der Hass der Höhe
Wider das Thal.
Aber ihr fliegt,
Blutbespritzt,
Unbesiegt,
Empor, empor.

Vor euch noch Farben
Verzuckenden Lebens,
Auf grünlichem Grau
Verrötender Schaum;
Hinter euch
Schwarz und Silber,
Die Farben des Todes.
Ein Schleier,
An eure Mähnen geknüpft,
Schleppt
Geisterhaft nach.
Wie ein Busentuch
Zieht ihr hinauf ihn
Ueber des Bergs
Zerrissene Brust.

Müde sprang sich
Der Sturzbach.
Nur mit den Lippen
Wehrt er sich noch.
Und bald
Wird er zum Kind
Und hängt sich selber
Spielend an eure Schweife.

Weiter! weiter!

Da!
Winkende Gipfel
Im Sicheldämmer!
Langsamer traben
Die Rosse der Nacht.
Heilige Sterne
Grüssen mich traut.
Ewige Weiten
Atmen mich an.
Langsamer traben
Die Rosse der Nacht,
Gehen,
Zögern,
Stehen still.

Alles liegt nun
Florumwoben.
Schlaf umschmiegt nun
Unten, Oben.
Nur die fernen
Fälle toben.

Leise Geisterhände
Tragen
Mich vom Wagen
In des Schlummers
Traumgelände.

Aller Notdurft,
Alles Kummers
Ganz befreit,
Fühle ich ein höh'res Sein
Mich durchweben.
Wird die tiefe Einsamkeit
Mir auf alles Antwort geben?

Im Traum.

Wer möcht' am trägen Stoffe kleben,
Dem Fittich ward zu Weltenflug!
Ich lobe mir den süssen Trug,
Das heitre Spiel mit Welt und Leben.
In tausend Buntgewande steck' ich,
Was geistig, leiblich mich umschwebt;
In jedem Ding mich selbst entdeck' ich:
Nur der lebt Sich, der also lebt.

* * *

Mir ist, ich sei emporgestürmt
Ueber stürzende Wasserfälle.
Mir engt's die Brust, um mich getürmt
Ahn' ich schützende Nebelwälle.
Aus dumpfen Regionen,
Aus Welten von Zwergen,
Trieb's mich fort,
Ob auf ragenden Bergen
Ein besserer Ort
Dem Freien, zu wohnen.

* * *

Es weht mir um die Stirne
Ein Hauch wie von Frauengewand . .
Folgte zum steilen Firne
Mir wer aus dem Unterland?
Es beugt sich zu mir nieder
Ein liebes, schönes Gesicht . .
Glaubst Du, ich kenne Dich nicht,

Sängerin meiner Lieder?
Du bist ja, wo ich bin,
Mein bester Kamerade!
Bei Dir trifft mich kein Schade,
Meine Herzenskönigin!

* * *

„Du flohest aus Finsternissen,
Mühsamen Mutes,
Ich weiss es.
Du hast zerrissen
Dein Herz, Dein heisses,
Und bei dem Leuchten Deines Blutes
Bist Du den dunklen Pfad
Weiter getreten,
Bis Du mich fandest
Und mit tiefen Gebeten
Mich an Dich bandest,
Dass ich Dich liebgewann,
Dem ringenden Mann
Ein treuer Kamerad.

Du brachst uralte Ketten
Und kamst heute Nacht
In mein Reich.
Ich will Dich betten
An meiner Brust
Warm und weich,
In Träumepracht
Deine Seele verzücken:
Der ganzen Welt
Aussen und Innen
Sei Deinem Sinnen

Preisgestellt.
Magst sie schmücken
Mit lachender Lust,
Magst sie tausendfach
Deuten und taufen,
Mit Berg und Wald,
Mit Wiese und Bach,
Mit Wolken und Winden,
Mit Sternenhaufen
Dein Spiel treiben,
Deinen Spass finden;
Brauchst nicht zu bleiben
An einem Ort;
Magst die Welt
Bis zu Ende laufen:
Denn Hier oder Dort,
Wo Du auch seist,
Wo sich das Himmelszelt
Ueber die Erde spannt:
Das sei Deinem Geist
Phanta's Schloss genannt."

* * *

Schneller strömt des Blutes Fluss,
Wonne mich durchschauert,
Auf meinen Lippen dauert
Sekundenlang Dein süsser Kuss.
Nun nimm mich ganz, und trage
Mein Fragen mit Geduld!
Für alles, was ich nun sage,
Trägst Du fortan die Schuld.

Phanta's Schloss.

Die Augenlider schlag' ich auf.
Ich hab' so gross und schön geträumt,
Dass noch mein Blick in seinem Lauf
Als wie ein müder Wandrer säumt.
Schon werden fern im gelben Ost
Die Sonnenrosse aufgezäumt.
Von ihren Mähnen fliessen Feuer,
Und Feuer stiebt von ihrem Huf.
Hinab zur Eb'ne kriecht der Frost.
Und von der Berge Hochgemäuer
Ertönt der Aare Morgenruf.

Nun wach' ich ganz. Vor meiner Schau
Erwölbt azurn sich ein Palast.
Es bleicht der Felsenfliesen Grau
Und lädt den Purpur sich zu Gast.
Des Quellgeäders dumpfes Blau
Verblitzt in heitren Silberglast.
Und langsam taucht aus fahler Nacht
Der Eb'nen bunte Teppichpracht.

All dies mein Lehn aus Phanta's Hand!
Ein König ich ob Meer und Land,
Ob Wolkenraum, ob Firmament!
Ein Gott, des Reich nicht Grenze kennt.
Dies alles mein! Wohin ich schreite,
Begrüsst mich dienend die Natur:

Ein Nymphenheer gebiert die Flur
Aus ihrem Schoss mir zum Geleite;
Und Götter steigen aus der Weite
Des Alls herab auf meine Spur.

Das mächtigste, das feinste Klingen
Entlauscht dem Erdenrund mein Ohr.
Es hört die Meere donnernd springen
Den felsgekränzten Strand empor,
Es hört der Menschenstimmen Chor
Und hört der Vögel helles Singen,
Der Quellen schüchternen Tenor,
Der Wälder Bass, der Glocken Schwingen.

Das ist das grosse Tafellied
In Phanta's Schloss, die Mittagsweise.
Vom Fugenwerk der Sphären-Kreise
Zwar freilich nur ein kleinstes Glied.

Erst wenn mit breiten Nebelstreifen
Des Abends Hand die Welt verhängt
Und meiner Sinne masslos Schweifen
In engere Bezirke zwängt —
Wenn sich die Dämmerungen schürzen
Zum wallenden Gewand der Nacht
Und aus der Himmel Kraterschacht
Legionen Strahlenströme stürzen —
Wenn die Gefilde heilig stumm,
Und alles Sein ein tiefer Friede —
Dann erst erbebt vom Weltenliede,
Vom Sphärenklang mein Heiligtum.

Auf Silberwellen kommt gegangen
Unsagbar süsse Harmonie,
In eine Weise eingefangen,
Unendlichfache Melodie.
Dem scheidet irdisches Verlangen.
Der solcher Schönheit bog das Kn
Ein Tänzer, wiegt sich, ohne Ban:
Sein Geist in seliger Eurythmie.

Oh seltsam Schloss! bald kuppelpr
Gewölbt aus klarem Aetherblau:
Bald ein aus Quadern, nebelnächti
Um Bergeshaupt getürmter Bau:
Bald ein von Silberampeldämmer
Des Monds durchwobnes Schlafgen
Und bald ein Dom, von dessen Da
Durch bleiche Weihrauch-Wolkenl
Sternmuster funkeln, tausendfach!

Das stille Haupt in Phanta's Scho
Erwart' ich träumend Mitternacht
Da hat der Sturm mit rauhem Sto
Die Kuppelfenster zugekracht.
Kristallner Hagel glitzert nieder,
Die Wolken falten sich zum Zelt.
Und Geisterhand entrückt mich w
Hinüber in des Schlummers Welt.

Sonnenaufgang.

Wer dich einmal sah
Vom Söller des Hochgebirgs,
Am Saum der Lande
Emporsteigen,
Aus schwarzem Waldschooss
Emporgeboren,
Oder purpurnen Meeren
Dich leicht entwiegend —
Wer dich einmal sah
Die bräutliche Erde
Aufküssen
Aus Morgenträumen,
Bis sie, von deiner Schwüre
Flammenodem
Heiss errötend,
Dir entgegenblühte,
In der zitternden Scham,
In dem ahnenden Jubel
Jungfräulicher Liebe —
Der breitet die Arme
Nach dir aus,
Dem lösest die Seele du
In Seufzer
Tiefer Ergriffenheit,
Oh, der betet dich an,
Wenn beten heisst:
Zu deiner lebenschaffenden
Glutenliebe

Ein Ja und Amen jauchzen —
Wenn beten heisst:
In den Aetherwellen des Alls
Bewusst mitschwingen,
Eins mit der Ewigkeit,
Leibvergessen, zeitlos,
In sich der Ewigkeit
Flutende Akkorde —
Wenn beten heisst:
Stumm werden
In Dankesarmut,
Wortlos
Sich segnen lassen,
Nur Empfangender,
Nur Geliebter . . .
Wer dich einmal sah
Vom Söller des Hochgebirgs!

Wolkenspiele.

I.

Eine grosse schwarze Katze
Schleicht über den Himmel.
Zuweilen
Krümmt sie sich zornig auf.
Dann wieder
Streckt sie sich lang.
Lauernd,
Sprungharrend.
Ob ihr die Sonne wohl,
Die fern im West
Langsam sich fortstiehlt,
Ein bunter Vogel dünkt?
Ein purpurner Kolibri,
Oder gar
Ein schimmernder Papagei?
Lüstern dehnt sie sich
Lang und länger,
Und Phosphorgeleucht
Zuckt breit
Ueber das dunkle Fell
Der gierzitternden Katze.

II.

Es ist, als hätte die Köchin
Des grossen Pan
— Und warum sollte der grosse Pan
Keine Köchin haben?
Eine Leibnymphe,
Die ihm in Kratern
Und Gletschertöpfen
Köstliche Bissen brät
Und ihm des Winters
Geysir-Pünsche
Sorglich kredenzt? —
Als hätte diese Köchin
Eine Schüssel mit Rotkohl
An die Messingwand
Des Abendhimmels geschleudert.
Vielleicht im Zorn,
Weil ihn der grosse Pan
Nicht essen wollte. . .

III.

Wäsche ist heute wohl,
Grosse Wäsche,
Droben im Himmelreich.
Denn seht nur, seht!
Wie viele Hemdlein,
Höslein, Röcklein,
Und zierliche Strümpflein

Die gute Schaffnerin
Ueber die blaue Himmelswiese
Zum Trock'nen breitet.
Die kleinen Nixen,
Gnomen, Elben,
Engelchen, Teufelchen,
Oder wie sie ihr Vater nennt,
Liegen wohl alle nun
In ihren Bettchen,
Bis an's Kinn
Die Decken gezogen,
Und sehnlich lugend,
Ob denn die Alte
Ihren einzigen Staat,
Ihre weissen Kleidchen,
Nicht bald
Ihnen wiederbringe.
Die aber legt
Ernst und bedächtig
Ein Stück nach dem andern
Noch auf den Rasen.

IV.

Wie sie Ballet tanzen,
Die losen Panstöchter!
Sie machen Phoebus
Den Abschied schwer,
Dass er den Trab seiner Hengste
Zum Schritt verzögert.

Schmiegsam, wiegsam
Werfen und wiegen
Die rosigen Schleier sie
Zierlich sich zu,
Schürzen sie hoch empor,
Neigen sie tief hinab,
Dreh'n sich die wehende
Seide um's Haupt.

Und Phoebus Apollo!
Bezaubert vergisst er
Des heiligen Amts,
Springt vom Gefährt
Und treibt das Gespann,
Den Rest der Reise
Allein zu vollenden.
Er selber,
Gehüllt in den grauen **Mantel**
Der Dämm'rung,
Eilt voll Sehnsucht
Zurück zu den
Lieblichen, lockenden
Tänzerinnen.

Zügellos rasen
Die Rosse von dannen.
Der Gott erschrickt:
Dort entschwindet
Sein Wagen,
Und hier —
Haben die schelmischen

Töchter des Pan
Sich in waschende Mägde
Verwandelt.
Durch riesige Tröge
Ziehen sie weisse,
Dampfende Linnen
Und hängen sie rings
Auf Felsen und Bäumen
Zum Trockenen auf
Und legen sie weit
Gleich einem Schutzwall
Auf Wiesen und Felder.

Ratlos steht
Der gefoppte Gott.
Und leise kichern
Die Blätter im Winde.

V.

Düstere Wolke,
Die du, ein Riesenfalter,
Um der abendrotglühenden Berge
Starrende Tannen
Wie um die Staubfäden
Blutiger Lilien schwebst:
Dein Dunkel redet
Vom Leid der Welt.

Welchen Thales Thränen
Hast du gesogen?

Wie viel angstvoller Seufzer
Heissen Hauch
Trankst du in dich?
Düstere Wolke,
Wohin
Schüttest die Zähren
Du wieder aus?
Schütte sie doch
Hinaus in die Ewigkeit!
Denn wenn sie wieder
Zur Erde fallen,
Zeugen sie neue
Aus ihrem Samen.
Nie dann
Bleiben der Sterblichen
Augen trocken.

Ach! da wirfst du sie schon
In den Abgrund . . .
Arme Erde,
Immer wieder auf's Neue
Getauft
In den eigenen Thränen!

VI.

Oh, oh!
Zürnender Gott,
Schlage doch nicht
Deine himmlische Harfe
Ganz in Stücke!

Dumpfe Donnerakkorde
Reisst
Herrisch
Dein Plektron.
Zick, zack
Schnellen
Die springenden Saiten
Mit singendem Sausen
Silbergrell
Ueber die Himmel hin.

Holst Du auch manche
Der Flüchtlinge
Wieder zurück,
Viele fallen doch
Gleissend zur Erde nieder,
Ragenden Riesen des Tanns
Um den stöhnenden Leib
Sich wirbelnd,
Oder in zischender Flut
Sich für ewig
Ein Grab erkiesend.

Zürnender Gott!
Wie lange:
Da hast Du Dein Saitenspiel
Kläglich zerbrochen,
Und kein Sterblicher
Denkt mehr Deiner,
Des grollenden Rhapsoden
Zeus-Odhin-Jehovah.

Sonnenuntergang.

Am Untersaum
Des Wolkenvorhangs
Hängt der Sonne
Purpurne Kugel.
Langsam zieht ihn
Die goldene Last
Zur Erde nieder,
Bis die bunten Falten
Das rotaufzuckende Grau
Des Meeres berühren.

Ausgerollt ist
Der gewaltige Vorhang.
Der tiefblaue Grund,
Unten mit leuchtenden Farben
Breit gedeckt,
Bricht darüber
In mächtiger Fläche hervor,
Karg mit verrötenden
Wolkenguirlanden durchrankt
Und mit silbernen Sternchen
Glitzernd durchsät.
Aus schimmernden Punkten
Schau' ich das Bild
Einer ruhenden Sphinx
Kunstvoll gestickt.

Eine Ankerkugel,
Liegt die Sonne im Meer.

Das eintauchende Tuch,
Schwer von der Nässe,
Dehnt sich hinein in die Flut.
Die Farben blassen,
Mählig verwaschen.
Und bald strahlt
Vom Himmel zur Erde
Nur noch
Der tiefe, satte Ton
Blauschwarzer Seide.

Homo imperator.

Gewandert bin ich
Auf andere Gipfel,
Deren Riesenfüsse
Das Meer, wie ein Hund,
Demütig leckt;
An deren Knöcheln
Es wohl auch manchmal
Bellend hinaufspringt,
Den brauenden Nebeln nach,
Als seien diese
Warme Dämpfe aus leckeren Schüsseln.

Wär' ich der Mond,
Der Hunden verhasste,
Ich hülfe herauf dir
Auf den Berg.
Doch Ich bin der Mensch,
Lasse dich lächelnd
Unten kläffen
Und übe an dir
Meinen göttlichen Spott.
Denn sieh,
Du armes, krauses Meer!
Was bist du denn
Ohne Mich?

Ich gebe dir Namen
Und Rang und Bedeutung,
Wandle dich tausendfalt

Nach Meinem Gelüst.
Meine Schönheit,
Meinen Witz
Hauch' Ich als Seele dir ein.
Werf' Ich dir um als Kleid:
Und also geschmückt
Wogst du und wiegst du dich
Vor deinem König,
Ein trefflicher Tänzer,
Brausköpfiger Vasall!
In Meine hohle Hand
Zwing' Ich hinein dich
Und schütte dich aus,
Einem Kometen,
Der grade vorbeischiesst,
Auf's eilige Haupt.
Wie einen Becher
Fass' Ich dein Becken
Und bringe dich
Als Morgentrunk
Meinem Liebchen Phanta.

In dein graues Megärenhaar
Greift Mein lachender Uebermut
Und hält es gegen die Sonne:
Da wird es eitel Goldhaar und Seide.
Und nun wieder nenn' Ich dich
Jungfrau und Nymphe und Göttin,
Und deiner dämonischen Leidenschaft
Sing' Ich ein Seemanns-Klagelied.

Oder Ich deute den donnernden Prall dir aus
Als stöhnende Sehnsucht um Himmelsglück,
Als wühlenden Groll,
Als heulenden Hass:
So redet Schwermut, flugohnmächtig,
Wenn sie der Krampf der Verzweiflung
Zu jagenden Fieberschauern schüttelt.

Aber du drohst:
„Eitler Prahler,
Breite die Arme nur aus,
Und komm an mein nasses Herz!
Dann wirst du kunden,
Wer grösser und mächtiger,
Du oder ich!"

Drohe mir immer,
Doch wisse: die Stunde,
Da du Mich sinnlosen Zornes verschlingst,
Tötet auch dich.
Ein kaltes, totes Nichts,
Wertlos, namenlos,
Magst du dann
In die Ewigkeit starren,
Entseelt,
Entgöttert.

Denn Ich, der Mensch,
Bin deine Seele,
Bin dein Herr und Gott,
Wie Ich des ganzen Alls

Seele und Gottheit bin.
Mit Mir vergehen
Namen und Werte.
Leer steht die Halle der Welt,
Schied Ich daraus.
Gleich unermesslichem Aether
Füllt Mein Geist den Raum:
In Seinen Wellen allein
Leuchtend, tönend,
Schwingt der unendliche Stoff.

Eine Harfe bin Ich
In tausend Hauchen.
Zertrümmere Mich:
Das Lied ist aus.

Kosmogonie.

Ewiges Firmament,
Mit den feurigen Spielen
Deiner Gestirne,
Wie bist du entstanden?

Du blauer Sammet!
Welch fleissige Göttin
Hat sich auf dir
Mit goldnen und silbernen
Kreuzstichmustern verewigt?

Wie! oder wären
Die Sterne Perlen,
Tagesüber
In Wolkenmuscheln gebettet:
Aber des Nachts
Thuen die Schalen sich auf,
Und aus den schwarzen,
Angelspottenden Tiefen empor
Lachen und funkeln
Die schimmernden Schätze
Des Meers Unendlichkeit?

Oft auch ist mir,
Ein mächtig gewölbter
Kristallener Spiegel
Sei dieser Himmel,
Und was wir staunend
Gestirne nennen,

Das seien Millionen
Andächtiger Augen,
Die strahlend
In seinem Dunkel sich spiegeln.
Oder wölbt
Eines Kerkers bläuliche Finsternis
Feindlich sich über uns?
Von ungezählten Gedankenpfeilen
Durchbohrt,
Die von empörter Sehne
Der suchende Menschengeist
Rings um sich gestreut:
Das Licht der Erkenntnis aber,
Die Sonne der Freiheit,
Quillt leuchtend
Durch die zerschossenen Wände.
Nein, nein!..
Mit spottenden Augen
Blinzt die Unendlichkeit
Auf den sterblichen Rätselrater...
Und dennoch
Rat' ich das tiefe Geheimnis!
Denn bei Phanta
Ist nichts unmöglich.

— — — — — — — — — —

In der leeren, dröhnenden Halle des Alls
Rauschte der Gott der Finsternis
Mit schwarzen, schleppenden Fittichen
Grollend dahin.
So flügelschlug der düstere Dämon
Schon seit Aeonen:

An seiner Seele frass das Nichts.
Umsonst griffen die Pranken
Seines wühlenden Schaffenswahnsinns
Hinaus in die unsägliche Leere.

Vom eigenen Leibe musste er nehmen,
Wollte er schaffen —:
Das hatte ihn jüngst quälend durchzuckt.
Und nun rang und rang er
Gegen sich selber, der einsame Weltgeist,
Dass er sich selbst verstümmle.
Bis sein Wollen, ein Löwe,
In seiner Seele aufstand
Und ihm die Hand an's Auge zwang,
Dass sie es ausriss mit rasendem Ruck.
Ströme Blutes schossen nach.
Der brüllende Gott aber krampfte
In sinnloser Qual die Faust um das Auge,
Dass es zwischen den Fingern
Perlend herausquoll.
Den glänzenden Tropfenregen
Rissen die fallenden Schleier des Bluts
In wirrem Wirbeltanze
Hinab, hinaus in die eisigen Nächte
Des unausgründlichen Raums.

Und die perlenbesäten blutigen Schleier
Kamen in ewigem Kreislauf wieder,
Schlangen erstickend sich
Um des flüchtenden Gottes Haupt,
Zerrten ihn mit sich,
Warfen ihn aus,
Ein regelloses, tobendes Chaos.

Tiefer noch zürnte der gramvolle Gott.
Nicht Schöpfer und Herrscher.
Spielball war er geworden,
Weil er, vom Schmerz bewältigt,
Den heiligen Lebenstoff,
Statt ihn zu formen, zerstört.

Aeonen hindurch
Trug er die Marter der glühenden Schleier,
Litt er in seiner eigenen Hölle.
Dann aber stand zum anderen Male
Sein Wollen, ein Löwe,
In seiner Seele auf.
Sieben Kreisläufe des Chaos
Rang er und rang er noch,
Und dann
Gab er den Arm dem Wollen frei.
Und er nahm sich auch noch
Das andere Auge
Aus dem unsterblichen Gotteshaupt
Und warf die blutüberströmte,
Unversehrte Kugel
Mitten hinein in's unendliche All.

Da stand sie, glühend,
In unermesslicher Purpurründung,
Und sammelte um sich
Die tanzenden Blutnebel,
Dass sie, ein einziger Riesenring
Von Flammenschleiern,
Um den gemeinsamen Kern
Sich wanden und kreisten.

Der blinde Gott aber sass
Und lauschte dem Sausen der Glut.

Aeonen kreiste der Ring:
Dann zerriss er.
Und um die glasigen Perlen
Des zerkrampften Auges
Ballten sich Bälle kochenden Bluts,
Glühende, leuchtende Blutsonnen,
Und andere Bälle,
Die unter roten Dampfhüllen
Langsam gerannen.
Durch die Unendlichkeit
Schwangen sich zahllose Reigen
Zahlloser Welten
In tönender Ordnung
Um das geopferte, heile Auge.

Der blinde Gott aber
Lauschte dem Klang der Sphären,
Die seinen Preis jauchzten,
Den Preis des Schaffenden,
Und flog tastend mit seinen
Schwarzen, schleppenden Fittichen
Durch seine Schöpfung,
Ein Schrecken den Menschlein
Auf allen Gestirnen,
Der grosse Lucifer.

Das Hohelied.

Singen will ich den Hochgesang,
Den mit Sterngoldlettern
Der heilige Geist der Erkenntnis
In den schwarzen Riesenschiefer
Nächtigen Firmaments
Leuchtend gegraben,
Den jauchzenden Hochgesang,
Des Kehrreim von zahllosen Chören
Von Weltengeschlechtern das All durchtönt:
    Auf allen Sternen ist Liebe!

Siehe, ich mass auf dem Feuerfittich
Rascher Kometen die Bahnen der Ewigkeit,
Durch tausend Planetenreigen
Flog ich zitternden Geistes,
Spähte und lauschte hinab
Auf die kreisenden Bälle
Mit überirdischen Sehnsuchtsinnen.
Und entgegen schwoll mir allewig
Aus unzählbarer Lebenden Brüsten:
    Auf allen Sternen ist Liebe!

Sahst du je ein liebendes Paar
Sich vereinen zu seligem Kuss,
Sahst du je der Mutterlippe
Stummes Segengebet des Kindes
Reinen Scheitel inbrünstig weihen,
Sahst du je die stille Flamme
Heiliger Freundschaft im Kusse brennen —

Oh dann sang auch deine Seele,
Stammelte schauernd die süsse Gewissheit:
　Auf allen Sternen ist Liebe!

Trunken bin ich von diesem Liede,
Das aus der Harfe der Ewigkeit hallt.
Oh meine Brüder auf wandelnden Welten,
Deren Sonnen purpurne Kränze
Um die Muttersonne des Alls
Ewigen Rythmus' Sturmschwung reisst,
Grüssen lasst euch durch Aeonen!
Tausendgestaltiger Sterblicher Hymnen
Ein' ich des Menschengeschlechts Dithyrambe.
　Auf allen Sternen ist Liebe!

Liebe! Liebe! durch die Unendlichkeit
Ausgegossen, ein Strom erlösenden Lichts,
In das Nichts, die Nacht der Herzen
Deine glühenden Wogen schlagend —
Hebend aus dem Dumpfen das Heilige —
Aus dem Chaos rettend und schaffend den Gott —
Gottheit auf die Stirn dem Menschen
Prägend und in's schimmernde Aug' ihm
Gottheit senkend — Liebe! Liebe!
　Auf allen Sternen ist Liebe!

Liebe! Liebe! bist du die Mutter auch
Aller Schmerzen, aller der Lebensqual,
Wer erträgt um dich nicht alles,
Stolzen Mutes, ein Held, ein Ringer!
Heilig sprechen wir Hass und Leid und Schuld,

Denn wir lassen von dir nicht, oh Liebe!
Träges Verschlummern lockt uns nicht,
Leben und Tod soll ewig dauern,
Denn wir wollen dich ewig, oh Liebe!
 Auf allen Sternen ist Liebe!

Erden werden zu Eis erstarren
Und ineinander stürzen,
Sonnen die eigene Brut verschlingen,
Tausend Geschlechter und aber tausend
Werden in Staub und Asche fallen:
Aber von Ewigkeit zu Ewigkeit
Bricht aus unzähliger Lebenden Brüsten
Dreimal heilig und hehr das hohe Lied,
Dreimal heilig des Lebens Preisgesang:
 Auf allen Sternen ist Liebe!

Zwischen Weinen und Lachen.

Zwischen Weinen und Lachen
Schwingt die Schaukel des Lebens.
Zwischen Weinen und Lachen
Fliegt in ihr der Mensch.

Eine Mondgöttin
Und eine Sonnengöttin
Stossen im Spiel sie
Hinüber, herüber.
In der Mitte gelagert:
Die breite Zone
Eintöniger Dämmerung.

Hält das Helioskind
Schelmisch die Schaukel an,
Uebermütige Scherze,
Weiche Glückseligkeit
Dem Wiege- Gast
In's Herz jubelnd,
Dann färbt sich rosig,
Schwingt er zurück,
Das graue Zwielicht,
Und jauchzend schwört er
Dem goldigen Dasein
Dankbare Treue.

Hat ihn die eisige Hand
Der Selenetochter berührt,
Hat ihn ihr starres Aug',
Tod und Vergänglichkeit redend,

Schauerlich angeglast,
Dann senkt er das Haupt,
Und der Frost seiner Seele
Ruft nach erlösenden Thränen.
Aschfahl und freudlos
Nüchtert ihm nun
Das Dämmer entgegen.
Wie dünkt ihm die Welt nun
Oede und schal.

Aber je höher die eine Göttin
Die Schaukel zu sich emporzieht —
Je höher
Schiesst sie auch drüben empor.
Höchstes Lachen
Und höchstes Weinen,
Eines Schaukelschwungs
Gipfel sind sie.

Wenn die Himmlischen endlich
Des Spieles müde,
Dann wiegt sie sich
Langsam aus.
Und zuletzt
Steht sie still
Und mit ihr das Herz
Des, der in ihr sass.

Zwischen Weinen und Lachen
Schwingt die Schaukel des Lebens.
Zwischen Weinen und Lachen
Fliegt in ihr der Mensch.

Im Tann.

Gestern bin ich weit gestiegen,
Abwärts, aufwärts, kreuz und quer;
Und am Ende, gliederschwer,
Blieb im Tannenforst ich liegen.
Weil' ich gern in heitrer Buchen
Sonnengrünem Feierlichte,
Lieber noch, wo Tann und Fichte
Kerzenstarr den Himmel suchen.

Aufrecht wird mir selbst die Seele,
Läuft mein Aug' empor den Stamm:
Wie ein Kriegsvolk, straff und stramm,
Stehn sie da ohn' Furcht und Fehle;
Ernst, in selbstgewollter Busse,
Nicht zur Rechten nicht zur Linken:
Wer der Sonne Kuss will trinken,
Hat im Dämmer keine Musse.

Denksam sass ich. Moose stach ich
Aus des Waldgrunds braunem Tuch.
Und der frische Erdgeruch
That mir wohl, und heiter sprach ich:
Wahrlich, ich vergleich' euch Riesen
Unerbittlichen Gedanken,
Die sich ohne weichlich Wanken
Höhenluft der Wahrheit kiesen.

Philosophin Mutter Erde
Hat euch klar und schlicht gedacht,
Jeglichem zu Lehr' und Acht,
Wie man teil des Lichtes werde.

Stolz aus lauem Dämmer flüchten,
Rast und Abweg herb verachten,
Nur das eine Ziel ertrachten —
Also muss der Geist sich züchten.

Lang noch an den schlanken Fichten
Sah ich auf mit ernstem Sinn.
Erde! Grosse Meisterin
Bist du mir im Unterrichten!
Besser als Folianten lehren,
Lehrst mich du, solang' mein Leben.
Unerschöpflich ist dein Geben,
Doch noch tiefer mein Verehren.

Der zertrümmerte Spiegel.

Am Himmel steht ein Spiegel, riesengross.
Ein Wunderland, im klarsten Sonnenlichte,
Entwächst berückend dem kristallnen Schoss.
Um bunter Tempel marmorne Gedichte
Ergrünt geheimnisvoller Haine Kranz;
Der Seeen Silber dunkle Kähne spalten,
Und wallender Gewänder heller Glanz
Verrät dem Auge wandelnde Gestalten.

Wohl kenn' ich dich, du seliges Gefild!..
Doch was in heitrer Ruh' erglänzt dort oben,
Ist mehr als dein getreues Spiegelbild,
Ist Irdisches zu Göttlichem erhoben.
Du zeigst ein friedsam wolkenloses Glück,
Um das umsonst die Staubgebor'nen werben ...
Und doch! Auch du bist nur ein Schemenstück!
Ein Hauch —: Du schläfst im Grund in tausend
                                 Scherben.

Ein Hauch!.. Von düstren Wolken löst ein Flug
Sich von der Felskluft Schautribünenstufen.
Um meinen Gipfel streift ihr dumpfer Zug,
Als hätte sie mein fürchtend Herz gerufen.
Hinunter weist beschwörend meine Hand,
Indes mein Aug' nach oben bittet „Bleibe!" —
Umsonst! Ein Stoss zermalmt des Spiegels Rand,
Und donnernd bäumt sich die gewaltige Scheibe

stürzt, von tausend Sprüngen überzackt,
ürchterlichem Tosen in die Tiefen.
Abgrund schreit, von wildem Grau'n gepackt.
iberströmt die Wolken thalwärts triefen.
grüner Splitterregen spritzt umher,
Leib der Nacht zerschneidend und zerfleischend.
Ibrüllend wühlt der Sturm im Nebelmeer
heult in jede Höhle, wollustkreischend.

Berge Adern schwellen, brechen auf
schäumen graue Fülle in's Geklüfte.
Flutsturz reisst verstreuter Scherben Hauf
emmbar mit in finstre Waldnachtgrüfte.
ʀogt der Forsten nasses Kronenhaar,
ehblendet von demantnem Pfeilgewimmel . .
h um die Höhen wird es langsam klar,
ch Thränen lächelt der beraubte Himmel.

bald verblitzt der letzten Scherbe Schein,
ı Grund gefegt vom Sturm- und Wellentanze.
feiner Glasstaub deckt noch Baum und Stein
funkelt tausendfach im Sonnenglanze . . .
schau', ich sinne, hab' der Zeit nicht acht —:
Tag verscheuchte längst der Schattenriese.
aus der Tiefe predigen durch die Nacht
Fälle vom versunk'nen Paradiese.

Das Kreuz.

Die gestürzten Engel
Schweben um den Berg.
Mit weissen, bleiernen Riesenfittichen
Schleicht ihr Flug aus den Thalen,
Dass er die Höhen der Erde auch
Todeskältend überfinstere,
Dass im Schweigen der Nacht
Endlich das Leben sterbe.

Lebendige Flammen
Entrief ich dem Fels
Zum Schutze.
In goldenem Zorn
Leuchtet das Berghaupt.
Aber die heisseste Stirn,
Das glühendste Aug'
Ist nicht lange gefeit,
Wo solcher Flügel
Grabkalte Bahrtücher
Der Vernichtung eisige Schauer
In's Haupt schatten.

Und fahles Grauen
Würgt mir die Kehle
Und reisst einen Schrei mir
Aus der Brust

Und wirft ihn hinaus
In die Finsternisse . .
Vom grauen Fittichgewölbe
Fällt er ohnmächtig
In mich zurück.

Im Schein der mühsam
Kämpfenden Lohe
Trete ich, halb von Sinnen,
Zum Rande des Abgrunds
Und breite, wie prüfend,
Die Arme aus.

Da zucken die Nebelgespenster
Grausengepackt zusammen.
Ihr schnürender Reigen
Löst sich, zerstreut sich.
In wildem Entsetzen
Rasen heulend die Satane
Um den Gipfel.
Ich aber erkenne
Auf der zitternden Wand
Ihrer Flügelflucht
Ein mächtiges, schwarzes Kreuz.

Meines Körpers
Kreuzförmiger Schatte
Quält triumphirend
Die Engel des Todes
Hinweg, hinab,
Zurück in ihr trauriges Reich.

Ich stehe noch lange,
Die Arme gebreitet,
Doch nicht mehr in Angst
Noch als Wehr,
Nein! jetzt als Gruss
Und heilige Ehrung
Den tausend lächelnden Lichtaugen
Des unsterblichen Alls.

Die Versuchung.

Der alte, ehrwürdige Herr
Mit dem grossen Bart
War heute bei mir.
„Ich habe dich gestern gerettet!"
Sagte er freundlich.
„Den Einfall, die Arme
Zur Kreuzform zu strecken,
Hab' ich dir gesteckt."
Ich schüttelte dankbar
Die biedere Rechte.
Er aber drohte mir
Mit dem Finger:
„Ein Schelm bleibst du doch!
Ich traue dir nicht.
Doch höre!"
Und er kniff mir den Arm
Und zeigte mir rings
Die Lande —:
„Dies alles soll dein sein,
Wenn du hier hinfällst
Und mich anbetest."
Der Arme, er wusste nicht,
Dass Erde und Himmel
Durch Phanta längst mein war.
„Nun, willst du nicht?"
Rief er halb ängstlich
Halb ärgerlich.

Ich aber machte ihm
Schnell eine kalte Kompresse
Um die erhitzten Schläfen
Und führte ihn sorgsam
Den Berg hinunter.
Auf halber Höhe
Traf ich den grossen Pan.
Er wollte gerade
Eine Windhosen-Orgel bauen.
Doch ich entriss ihn
Dem kühnen Projekte
Und stellte ihm
Seinen greisen Kollegen vor.
„Alte Bekanntschaft!" rief Pan
Und zog die krumme Nase
Missmutig noch krümmer.
„Vielleicht hilft er dir
Bei der Windhosen-Orgel!"
Schlug ich begütigend vor.
Das leuchtete ein.
Arm in Arm
Zogen die beiden ab.
Ich aber stieg,
Ein freier, glückseliger Mensch,
Singend wieder empor
Auf meine herrlichen,
Klaren, einsamen Höhen.

Der Nachtwandler.

Sanfter Mondsegen über den Landen.
Schlafstumm Berge, Wälder, Thale.
In den Hütten erstorben die Herde;
An den Herden eingenickte Grossmütter,
Zu deren Knieen off'ne Enkel-Mäulerchen
Unter verhängten Aeuglein atmen.
Auf Daunen und Strohsack
Schnarchendes Laster, schnarchende Tugend.
Wachend allein: Diebe, Dichter,
Wächter der Nacht, und auf Gassen, in Gärten
Und in verschwiegenen Kammern
Lispelnde Liebe.

Sanfter Mond! du segnest,
Weil du nichts andres kannst.
Aber am Herzen
Zehren dir Neid und Groll,
Weil die Menschen dich also missachten,
Dass sie zu Bett geh'n, wenn du kommst.
Aergerlich zieh'n sie die Vorhänge zu:
Und du stehst draussen
Und — segnest milde deine Verächter.

Sanfter Mond! manchmal auch
Lugen Herrschergelüste gefährlich vor
Unter deiner Demut.

Dann rufst du in verträumte Gehirne:
„Auf! auf!
Ich bin die Sonne!
Kommt: es ist Tag!"
Und der blöden Schläfer
Glaubt es dir mancher
Und steigt ernsthaft
Aus seinen Kissen
Und geht gravitätisch
Ueber die Dächer.
Scheel sehen die Kater ihn an.
Er aber wandelt und klettert,
Als hätt' ihm sein Arzt
Die Alpen verschrieben.

Wie? Freundchen!
Hätt' ich dich heut' gar ertappt?
Mir dünkt, da unten
Käm' solch ein Wandler!
Armer Fremdling,
— Besser: Hemdling —,
Wer bist du?
Welchem Bette entflohst du?
Opferlamm
Mondlicher Lüsternheit,
Meilenweit musst du gewandert sein!

Redet er nicht im Schlaf? horch!

„Wer ich bin? . . .
Eine lebendige Litfass-Säule,

Etiquettiert von oben bis unten: —
Staatsbürger,
Gemeindemitglied,
Protestant,
Hausbesitzer,
Ehemann,
Familienvater,
Vereinsvorstand,
Reservelieutenant,
Agrarier,
Christlicher Germane,
Antisemit,
Deutschbündler,
Socialmonarchist,
Bimetallist,
Wagnerianer,
Antinaturalist,
Spiritist,
Kneippianer,
Temperenzler —"

„Wie!" ruf' ich,
„Und nie Mensch?"

Aber da reisst
Der Schläfer die Augen auf,
Und — „Mensch?"
Von verzerrten Lippen heulend,
Stürzt er,
Fehltretend,
Die Felswand hinab,

Von Zacke zu Zacke
Im Bogen geschleudert.

Ich aber,
Ich „Mörder",
Muss unbändig lachen.
Ich kann nicht anders —
Gott helfe dem Armen!
Amen!

Andre Zeiten, andre Drachen.

Immer nicht an Mond und Sterne
Mag ich meine Blicke hängen —:
Ach man kann mit Mond und Sternen,
Wolken, Felsen, Wäldern, Bächen
Allzuleichtlich kokettieren,
Hat man solch ein schelmisch Weibchen
Stets um sich wie Phanta Sia.

Darum senk' ich heut bescheiden
Meine Augen in die Tiefe.
Hier und da ein Hüttenlichtlein;
Auch ein Feuer, dran sich Hirten
Nächtliche Kartoffeln braten —
Wenig sonst im dunklen Grunde.
Doch! da drunten seh' ich eine
Goldgeschuppte Schlange kriechen . . .

Hochromantisches Erspähnis!
Kommst du wieder, trautes Gestern,
Da die Drachen mit den Kühen
Friedlich auf den Almen grasten,
Wenn sie nicht grad' Flammen speien
Oder Ritter fressen mussten —
Da der Lintwurm in den Engpass
Seinen Boa-Hals hinabing
Und mit grünem Augenaufschlag
Dame, Knapp' und Maultier schmauste —
Kommst du wieder, trautes Gestern?

Eitle Frage! Dieses Schuppen-
Ungetüm da drunten ist ein
Ganz modernes Fabelwesen,
Unersättlich zwar, wie jene
Alten Schlangen, doch auch wieder
Jenem braven Wallfisch ähnlich,
Der dem Jonas nur auf Tage
Seinen Bauch zur Herberg' anbot.

Feuerwurm, ich grüsse froh dich
Von den Stufen meines Schlosses!
Denn ob mancher dich auch schmähe,
Als den Störer stiller Lande,
Und die gelben Humpeldrachen,
Die noch bliesen, noch nicht pfiffen,
Wiederwünschte, — ich bekenne,
Dass ich stolz bin, dich zu schauen.
Höher schlägt mir oft das Herze,
Seh' ich dich auf schmalen Pfaden
Deine Wucht in leichter Grazie
Mit dem Flug der Vögel messen
Und mit Triumphatorpose
Hallend durch die Nächte tragen.

Sinnbild bist du mir und Gleichnis
Geistessiegs ob Stoffesträgheit!
Gleichnis bist du neuer Zeit mir,
Die, jahrtausendalter Kräfte
Erbin, Sammlerin, sie spielend
Zwingt und formt, beherrscht und leitet!

Andre Zeiten, andre Drachen,
Andre Drachen, andre Märchen,
Andre Märchen, andre Mütter,
Andre Mütter, andre Jugend,
Andre Jugend, andre Männer —:
Stark und stolz, gesund und fröhlich,
Leichten, kampfgeübten Geistes,
Ueberwinder aller Schwerheit,
Sieger, Tänzer, Spötter, Götter!

Die Weide am Bache.

Weisst Du noch, Phanta,
Wie wir jüngst
Eine Nyade,
Eine der tausend
Göttinnen der Nacht,
Bei ihrem Abendwerk
Belauschten?

Einer Weide
Half sie, sorglich
Wie eine Mutter,
In's Nachthemd,
Das sie zuvor
Aus den Nebel-Linnen des Bachs
Kunstvoll gefertigt.
Ungeschickt
Streckte der Baum die Arme aus,
Hineinzukriechen
In's Schlafgewand.
Da warf es die Nymphe
Lächelnd ihm über den Kopf,
Zog es herab,
Strich es ihm glatt an den Leib,
Knöpfte an Hals und Händen
Es ordentlich zu
Und eilte weiter.

Die Weide aber,
In ihrem Nachtkleid,
Sah ganz stolz
Empor zu Luna.
Und Luna lächelte,
Und der Bach murmelte,
Und wir beide,
Wir fanden wieder einmal
Die Welt sehr lustig.

Abenddämmerung.

Eine runzelige Alte,
Schleicht die Abenddämmerung,
Gebückten Ganges
Durchs Gefild
Und sammelt und sammelt
Das letzte Licht
In ihre Schürze.

Vom Wiesenrain,
Von den Hüttendächern,
Von den Stämmen des Walds,
Nimmt sie es fort.
Und dann
Humpelt sie mühsam
Den Berg hinauf
Und sammelt und sammelt
Die letzte Sonne
In ihre Schürze.

Droben umschlingt ihr
Mit Halsen und Küssen
Ihr Töchterchen Nacht
Den Nacken
Und greift begierig
In's ängstlich verschlossene
Schurztuch.

Als es sein Händchen
Wieder herauszieht,
Ist es schneeweiss,
Als wär' es mit Mehl
Rings überpudert.

Und die Kleine,
Längst gewitzt,
Tupft mit dem
Niedlichen Zeigefinger
Den ganzen Himmel voll
Und jauchzt laut auf
In kindlicher Freude.
Ganz unten aber
Macht sie einen grossen,
Runden Tupfen —
Das ist der Mond.

Mütterchen Dämmerung
Sieht ihr mit mildem
Lächeln zu.
Und dann geht es
Langsam
Zu Bette.

Augustnacht.

Stille, herrliche Sommernacht!
Silberfischlein springen lustig
In dem himmlischen Meer.
Hochauf schnellen
Die zierlichen Leibchen sich,
Blitzschnell
Wieder verschwindend.
Hinter grauen Wolkenklippen
Gleisst es verdächtig.
Da kauert arglistig
Der Mann im Mond —
Und fischt.
Verstohlene, seidene
Angelschnüre
Wirft er hinab
In die arglose Flut.
Ach! und nun
Zappelt auch schon
Ein armer Weissling
Am Hacken
Und fliegt
Im weiten Bogen
Hinauf zu den grauen,
Hässlichen Klippen . . .
Mir ist,
Ich höre ein leises,
Behäbiges Lachen.

Mädchenthränen.

Die schönen, blauen Augen des Himmels
Hängen voll trüber Nebelschleier,
Und unter verstohlenen Schluchzern
Strömen graue Güsse zur Erde nieder.
Auf traurigen Häuptern tragen die Bäume
Das schwere Thränenweh, die Bäche
Hetzen verstört sich thalwärts, mürrisch
Vermummt sich der Berg in weisser Wolle.

Und das alles?
Weil mit allzuglühender Lippe
Der liebesrasende, ungestüme Sonnengott
Des Morgenhimmels reine, kühle Mädchenunschuld
Bestürmt und die tief errötende Geliebte
Mit allzuversengenden Küssen
In ihrer jungfraustillen Seele
Fassungslos aufgewühlt.
Wie ein Krampf packte die Leidenschaft
Den überwältigten Herzensfrieden . . .
Und all die verwirrten Gefühle
Lösten und schütteten sich aus
In einem grossen Weinen.

Mählig verebben die Seufzer.
Versöhnlicher, weicher wird das Herz.
Und schon sehe ich wieder ein halbes Lächeln,
Ein warmes Winken
Undämmbar aufdrängender Liebe
In den schönen, blauen Augen.

Landregen.

Auf der Erde
Steht eine hohe, gewaltige,
Tausendsaitige Regenharfe.
Und Phanta
Greift mit beiden
Händen hinein
Und singt dazu —:
Monoton,
Wie ein Indianerweib,
Immer dasselbe.
Die Lider werden mir
Schwer und schwerer.
Nach langem Halbschlaf
Erwach' ich wieder, —
Reibe verstört mir
Die trägen Augen —:
Auf der Erde
Steht eine hohe, gewaltige,
Tausendsaitige Regenharfe.

Der beleidigte Pan.

Auf der Höhlung
Eines erstorbenen Kraters
Blies heute Pan,
Wie Schusterjungen
Auf Schlüsseln pfeifen.
Er pfiff „die Welt" aus,
Dies sonderbare,
Zweideutige Stück
Eines Anonymus,
Das Tag für Tag
Uns vorgespielt wird
Und niemals endet.
Oh pfeife doch minder,
Teuerer Waldgott!
Halt' Einkehr, Pan!
Wer hiess Dich denn
Unter Menschen gehen?..

Mondaufgang.

In den Wipfeln des Walds,
Die starr und schwarz
In den fahlen Dämmerhimmel
Gespenstern,
Hängt eine grosse,
Glänzende Seifenblase.

Langsam löst sie sich
Aus dem Geäst
Und schwebt hinauf
In den Aether.

Unten im Dickicht
Liegt Pan,
Im Munde
Ein langes Schilfrohr,
Dran noch der Schaum
Des nahen Teiches
Verkrustet schillert.

Blasen blies er,
Der heitere Gott:
Die meisten aber
Platzten ihm tückisch.
Nur eine
Hielt sich tapfer
Und flog hinaus
Aus den Kronen.

Da treibt sie schimmernd,
Vom Winde getragen,
Ueber die Lande.
Immer höher steigt
Die zerbrechliche Kugel.

Pan aber blickt
Mit klopfendem Herzen —
Verhaltenen Atems —
Ihr nach.

Mondbilder.

I.

Der Mond steht da
Wie ein alter van Dyck:
Ein rundes, gutmütiges
Holländergesicht
Mit einer mächtigen,
Mühlsteinartigen,
Crèmefarbenen
Halskrause.
Ich möcht ihn
Wohl kaufen,
Den alten van Dyck!
Aber ich fürchte,
Er ist im Privatbesitz
Des Herrn Zebaoth.
Ich müsste den Ablass
Wieder in Schwang bringen!
Vielleicht liess' er ihn
Dafür mir ab . . .
Hm.
Hm.

II.

Eine goldene Sichel
In bräunlichen Garben,
Liegt der Mond
Im broncenen Gewölk.
Mag da weit
Die Schnitterin sein?
Ich meine,
Die Schwaden bewegen sich —
Oh, ich errate alles!
In's Aehrenversteck
Zog wohl ein Gott
Die emsige Göttermaid, —
Irgend ein himmlischer
Schwerenöter der Liebe,
Jupiter-Don Juan
Oder Wodan-Faust . .
In frohem Schreck
Liess sie die Sichel fallen . . .
Oh, Ihr königlich freien,
Heiter geniessenden,
Seligen Götter!

III.

Gross über schweigenden
Wäldern und Wassern
Lastet der Vollmond,
Eine Aegis,
Mit düsterem Goldschein
Alles in reglosen Bann
Verstrickend.
Die Winde
Halten den Atem.
Die Wälder ducken sich
Scheu in sich selbst hinein.
Das Auge des Sees
Wird stier und glasig —:
Als ob eine Ahnung
Die Erde durchfröre,
Dass dieser Gorgoschild
Einst ihren Leib
Zertrümmern werde . .
Als ob eines Schreies
Sie schwanger läge,
Eines Schreies voll Grausen,
Voll Todesentsetzen . .
Εσσεται ημαρ!

IV.

Durch Abendwolken fliegt ein Bumerang,
Ein goldgelbes Bumerang.
Und ich denke mir: Heda!
Den hat ein Australneger-Engel
Aus den seligen Jagdgründen
Dorthin geschleudert —
Vielleicht aus Versehen!?
Der arme Nigger!
Am Ende verwehrt ihm ein Cherub,
Ueber den himmlischen Zaun zu klettern,
Damit seine Waffe
Er wieder hole . . .
Oh, lieber Cherub,
Ich bitte für den Nigger!
Bedenke:
Es ist solch ein schönes,
Wertvolles,
Goldgelbes Bumerang!

Erster Schnee.

Die in Wolkenkukuksheim
Zerreissen ihre Manuskripte,
Und in unzähligen,
Weissen Schnitzelchen
Flattert und fliegt es mir
Um die Schläfen.
Die Unzufried'nen!
Nie noch blieben
Der Lieder sie froh,
Die im Lenz
Ihnen knospeten,
Nie noch
Der dithyrambischen Chöre,
Die durch glühende Julinächte
Von ihren Munden
Wie Donner brachen.
Immer wieder
Zerstören gleichmütig sie.
Was sie gedichtet:
Und in unzähligen,
Weissen Stückchen
Flattert es
Aus dem grauen Papierkorb,
Den sie schelmisch
Zur Erde kehren.

Grosse, redliche Geister!
Ich, der Erde armer Poet,
Versteh' Euch.
Wenn wir uns selbst
Genügen wollen,
Ehrlich Schaffende wir,
Müssen wir
Uns'ren Gedanken wieder
All die bunten Hüllen ausziehn.
Ach! allein
In der Maske des Worts
Wird unser Tiefstes
Dem Nächsten sichtbar!

Ihr Stolzen verschmäht es,
Den Wortewerken,
Die Ihr erschuft,
Dauer zu leihen,
Und ihr könnt es —
Denn Ihr seid Götter!
Keiner von Euch
Will Trost, will Erlösung,
Weiss von dem Wahnsinn
Glückes und Leides:
In Euch selbst
Seid Ihr Euch ewig genug!

Aber wir Menschen,
Wir Selig-Unseligen,
Tief in gemeinsame Lose
Verstrickten,

Müssen einander
Die Herzen erschliessen,
Müssen einander
Fragen, belehren,
Trösten, befreien,
Stärken, erheitern,
Und zu all Dem
Raten und planen,
Formen und bauen,
Rastlos, mühvoll,
An dem Menschheits'tempel
„Kultur."

Ich stehe stumm
In den wirbelnden Flocken
Und denke mit Schwermut
Meines Stückwerks.
Doch streue ich selbst
Nichts in den lustigen Tanz.
Meine Werke, Ihr Götter,
Stürben wie roter Schnee,
Wollt' ich sie opfern!
Ich schrieb mit Herzblut . . .
Homo sum.

Thalfahrt.

Die du im ersten
Jungfräulichen Schnee
Dort am fallenden Hang
Ahnungsvoll schläfst,
Thalbrünstige Lawine!
Wach auf!
Und trage mich,
Wildestes Ross,
Wieder hinab
In der Menschen Gefilde!
. . . .

Die zierliche Flocke
Bewegt sich . . wächst . .
Und stürmt immer toller
Von Fels zu Fels . . .
Ich springe ihr nach
Und fasse beherzt
In ihr weisses,
Wehendes Mähnenhaar,
Indessen Phanta
Den Renner lenkt,
Wie auf rollender Kugel
Die Göttin des Glücks,
Hochaufgerichtet
Und furchtlos.
. . . .

.

Wir sind am Ziel.
Vom Laufe ruht
Im Bach des Thals
Das Rösslein aus.
Ich flieg' auf weichen
Wiesenplan,
Und lächelnd
Hilft mir Phanta auf.
Und dann — zerbricht sie
Ihren Stab.
. . . .

Epilog.

Am Schreibtisch finde ich mich wieder,
Als wie aus krausem Traum erwacht..:
Vor mir ein Buch seltsamer Lieder,
Und um mich stille Mondesnacht.
Ich schaue auf den kleinen Ort,
Aus dem mein Geist im Zorn geflohn: —
Nachtwächter ruft sein Hirtenwort
Zu greiser Turmuhr biedrem Ton..
Wie knochige Philisterglatzen
Erglänzt des Pflasters holprig Beet..
Und auf den Giebeln weinen Katzen
Um ein versagtes tête-à-tête.

Euch also, winklige Gemäuer,
Durchschnarcht von edlen Atta Trolls,
Bewarf ich einst mit wildem Feuer
Aus den Vulkanen meines Grolls!
Ich sah in eurer Kleinlichkeit
Die Welt, die in mir selbst ich trug:
Es war ein Stück Vergangenheit,
Das ich in eurem Bild zerschlug.
Von oben hab' ich lachen lernen
Auf euer enges Kreuz und Quer!
Wer Kurzweil trieb mit Sonn' und Sternen,
Dem seid ihr kein Memento mehr!

In tiefentzückten Weihestunden
Fernab dem Staub der breiten Spur,
Hab' ich mich wieder heimgefunden
Zum Mutterherzen der Natur!
In ihm ist alles gross und echt,
Von gut und böse unentweiht:
Schönheit ist Kraft ihm, Kraft ihm Recht,
Sein Pulsschlag ist die Ewigkeit.
Wen dieser Mutter Hände leiten
Vom Heut' in's Ewige hinein,
Der lernt den Schritt des Siegers schreiten,
Und Mensch sein heisst ihm König sein!

J. S. Preuss, Berlin W., Leipziger-Strasse 31/32.